Poesie der Psyche

Poetry of my broken mind

© 2020 Paula Bauer

Herausgeber: Paula Bauer

Verlag und Druck: tredition GmbH, Halenreie 40-44, 22359 Hamburg

ISBN Taschenbuch: 978-3-347-06311-2
ISBN Hardcover: 978-3-347-06312-9
ISBN e-Book: 978-3-347-06313-6

Mutmacher

Habe die Hoffnung aufgegeben,
Überall ist nur noch Dunkelheit.
Mir fehlt jeder Mut zum Leben,
Ich hör wie meine Seele schreit.

Fühle mich verfolgt vom Schmerz,
Umgeben von so vielen Leuten.
Ich habe eines Jägers Herz,
Fliehe jedoch wie die Beute.

Doch damit ist jetzt endlich Schluss,
Ab heute sind die Zweifel still.
Ich kämpfe nicht, weil ich es muss,
Sondern weil ich frei sein will.

Befinde mich im Hier und Jetzt,
Nicht mehr in der Vergangenheit.
Ich habe mich selber unterschätzt,
Nutze aber die verbleibende Zeit.

Muss mich nicht an andere krallen,
Denn ich glaube auch an mich.
Ich lasse meine Maske fallen,
Zeige jetzt mein wahres Ich.

Die Welt ist nicht mehr ganz so dunkel,
Werde mit jedem neuen Tag wacher.
Spüre die Hoffnung in mir funkeln,
Ich bin mein eigener Mutmacher.

Habe die Veränderung geschafft,
Ich trage nun ein Licht in mir.
Es spendet Ausdauer und Kraft,
Vielleicht hilft es ja auch dir.

the school of life

I'm on the bus

on my way to school

i creep through the hallway

knowing i'm a fool

i bite my lip

when i open my locker

another mean note

from a cruel mocker

don't trust anybody

every relationship ends

i've got scars on my back

from my old lunchbox friends

sitting in class

worrying about recess

they play me like a pawn

in their match of chess

the boys are laughing
the girls pull my hair
make fun of good grades
but please treat me fair

the spotlight is on
life is a stage
i can't stand drama club
and won't stick to a page

now everybody stares
i'm the center of attention
the principal commits me
but i'll skip detention

i stare at the clock
until i hear the bell
i'm alone in the playground
this won't end well

the big game starts
without any guidelines

they're all having fun
while i watch from the sidelines

nobody likes me
but i'm the teacher's pet
i also talkt o the counselor
because he is my vet

the next period starts
everyone heads for the classroom
but i hide away
crying in the bathroom

i escape this hell
at the nurse's office
these lessons just hurt
my heaven's the hospice.

Monster in the mirror

When I look into the mirror
I don't see beautiful blue eyes,
Instead its cold glass shows me
My unheard screams and cries.

When I look into the mirror
I don't see a pretty face,
Instead its cold glass shows me
My dull eyes and a blank space.

When I look into the mirror
I don't see boney hips,
Instead its cold glass shows me
My fat and hidden ribs.

When I look into the mirror
I don't see skinny thighs,

Instead its cold glass shows me

My dark secrets and lies.

When I look into the mirror

I don't see starving for weeks,

Instead its cold glass shows me

My broad shoulders and chubby cheeks.

When I look into the mirror

I don't see some fading scars,

Instead its cold glass shows me

My bleeding wounds and many flaws.

When I look into the mirror

I don't see a fake smile,

Instead its cold glass shows me

My broken mask fading for a while.

When I look into the mirror

I don't know what to see,

Is this who I really am

Or who I pretend to be?

on the border-line

My mind never knew any shades of grey,

It's either black or white,

Sometimes I don't know what to think,

Cause every decision is a fight.

I often handle without thinking,

Don't consider the consequences,

My head chooses to break the rules,

At my very own expenses.

I never seem to be good enough,

Although I always do my best,

I just can't get air to breathe,

And there's this tightness in my chest.

My head is a very dark place,

Even when I want to try,

I keep pushing people away,

Because I don't want them to see me cry.

I make up new personalities,

While I don't know who I am,

Been struggling to find the surface,

My thoughts drown me at 2am.

It's hard to make my dreams come true,

When all I have is nightmares,

I seem to be invisible,

But my arms cause curious stares.

I've never been afraid of pain,

Enjoyed seeing my own blood,

My body is now full of scars,

One for every single cut.

I can't control my emotions,

They're either love or burning hate,

The others think I am insane,

For saving me it is too late.

I wanna be a different person,

But my life was never mine,

For as long as I remember,

I've been living on the borderline.

Psychiatriekinder

Tagsüber sind wir immer einsam,
Müssen auch Nächte allein verbringen.
Unsere Familien haben uns verstoßen,
Sie überlassen uns den Klingen.

Damit zerstören wir uns selber,
Schneiden uns die Arme auf.
Den Gedanken geben wir nach,
Nehmen jede Narbe in Kauf.

Wir sind gefährlich für uns selbst,
Schluckten tödliche Tabletten.
Uns hat man lange eingesperrt,
Gefesselt an Metallbetten.

Freunde haben wir keine mehr,
Man tröstet uns mit legalen Drogen.
Die Wahrheit wird uns verschwiegen,
Wir fühlen uns nur noch betrogen.

Ausgefüllt sind wir von Selbsthass,

Fangen nun zu hungern an.

Die Stimmen beschimpfen uns,

Geben uns die Schuld daran.

Langsam verzweifeln wir an uns selbst,

Bestehen bald nur noch aus Knochen.

Unsere Seelen mittlerweile leer,

Die Herzen sind zerbrochen.

Wir mussten uns verstellen,

Haben gelernt zu lügen.

Wissen nicht mehr, wer wir sind,

Müssen uns selber betrügen.

Endlich lässt man uns wieder raus,

Zurück an das Tageslicht.

Wir waren ewig in Therapie,

Nur geholfen hat es nicht.

Alle Therapeuten haben versagt,

Konnten den Schmerz nicht lindern.

Die Menschen verstehen nichts,

Haben Angst vor Psychiatriekindern.

Speak now

We remember their hands
And how they pushed us down.
We still feel them choking us
Until we felt like we'd drown.

The memories stay
As physical pain passes.
We will never forget
How they grabbed our asses.

We would like to open up
But we don't have the guts.
Because they're only gonna lie
To make us look like selfish sluts.

They say that we wanted it
And that's how it goes.
Now people judge how we dress
Pretending we're heartless hoes.

We wish to forget

But this wound won't get stitches.

In the eyes of society

We now are broken bitches.

We're screaming in silence

Because our throats are still sore.

I guess if you were raped

You're just a worthless whore.

The persons who know it

Want me to speak now.

But what's the point

When I don't know how?

Blutiger Spiegel

Das Glas zeigt mich verschwommen,

Meine Augen voller Tränen,

Blaue Flecken am ganzen Körper,

Man kann den Schmerz nicht zähmen.

Das geschliffene Glas beschlagen,

Meine Schminke verschmiert,

Schwarze Ringe unter den Augen,

Als sich meine Hoffnung verliert.

Das Glas ist zerbrochen,

Meine Seele ohne Farben,

Ich habe eine dunkle Seite,

Die mich zeichnet mit hellen Narben.

Das spiegelnde Glas zerschlagen,

Meine Hände fangen an zu bluten,

Silberne Bruchstücke unter den Füßen,

Wenn Gedanken mich überfluten.

Das Glas ist zersprungen,

Mein Spiegelbild in Scherben,

Rote Tropfen auf den Splittern,

Es fühlt sich an wie sterben.

Das reflektierende Glas ist zerstört,

Mein Körper überströmt von Blut,

Ich bin ein hoffnungsloser Fall,

Zum Leben fehlt mir jeder Mut.

Klapsenkind

Wieder stehe ich vor dieser Tür,

Wieder hingezerrt nach hier.

Wieder aufgenommen als Krise,

Damit ich mich bloß nicht erschieße.

Diesmal steh ich ängstlich in der Schleuse,

Höre Mitpatienten rumtappeln wie Mäuse.

Sie sagen die Psychiatrie sei ein sicherer Ort,

Doch auch sie jagt den Tod nicht fort.

Todesschnitt? Ich war nicht so mutig.

Dafür sind meine Arme seit Jahren blutig.

Ich kratze mir die Beine auf,

Damit sie brennen, wenn ich lauf.

Aber wohin soll ich schon rennen?

Muss die Tage ja hier verpennen.

Ich würd so gerne von hier fliehen,

Um mir ein Messer durch den Hals zu ziehen.

Ich liege nur depressiv im Bett,
Drei Mahlzeiten pro Tag machen mich wieder fett.
Ich werde eingestuft als krank,
Nur weil sie denken ich sei schlank.

Ganz gesund bin ich wohl nicht,
Ich seh nur Dunkelheit statt Licht.
Habe nur den Wunsch zu gehen,
Muss diesem jedoch widerstehen.

Das Verstecken von Klingen –
Ja, da kann ich ein Lied von singen.
Silberne Schätze, glänzend und scharf,
Die ich hier eigentlich nicht haben darf.

Was ich geschluckt hab waren Tabletten,
Leider konnten sie mich noch retten.
Mich umzubringen – ich hab's versucht,
Jetzt wird selbst mein Stofftier durchsucht.

Verraten von meinen Narben und Wunden
Wurde bei mir Verbotenes gefunden.

Meine Therapeuten sind mittlerweile ratlos,
Und ich verbring die Nächte schlaflos.

Ich glaube nicht mehr an das Leben,
Hab meine letzten Träume aufgegeben.
Wonach ich strebe ist der Tod,
Am Ende sind die Gleise blutrot.

Sie werden meine Leiche finden,
Während Erinnerungen an mich verschwinden.
Natürlich werden alle weinen,
Aber sind glücklicher als sie scheinen.

Für meine Freunde tut's mir leid,
Denn dafür waren sie nicht bereit.
Meine Familie wird mich hassen,
Wenn sie mich endlich gehen lassen.

Heute muss ich noch existieren,
Morgen könntet ihr mich verlieren.
In Wahrheit bin ich schon lange fort,
Eingesperrt an diesem Ort.

Nein, ich komme hier nicht mehr raus,

Für immer gefangen im Irrenhaus.

Und solange ich keine Hoffnung find

Bleibe ich ein Klapsenkind.

Traumwelt

In meiner Traumwelt,

Da geht es mir gut.

Es geht nicht nur um Geld,

Sondern um Mut.

Meine Gedanken sind ein Ort,

Da lebe ich im Dunkeln.

Die Hoffnung ist schon lange fort,

Nur noch ein schwaches Funkeln.

Am schlimmsten ist die Realität,

Da bin ich nächtelang wach.

Man hilft mir viel zu spät,

Albträume machen mich schwach.

Ich hasse diese Einsamkeit,

Da bin ich ganz alleine.

Angst jagt mich die ganze Zeit,

Auch Freunde habe ich keine.

So fliehe ich in die Fantasie,

Da existiert mein Schmerz nicht.

Deshalb verlasse ich diesen Ort nie,

Denn hier wird Dunkelheit zu Licht.

fully anorexic

You wanna lose weight
Because you feel like a whale,
You will stop eating candy
And worship the scale.

You say no to every snack
Because you wanna be thinner,
You'll avoid the cafeteria
And skip breakfast and dinner.

You get told to eat more
Because you're frail as a fairy,
You'll become a vegetarian
And soon decline dairy.

You're counting calories
Because you only trust numbers,
You'll run every mile twice
And just rest in your slumber.

You cancel your plans
Because you fear every food,
You will lose some more pounds
And also your mood.

Your sweets now are sour
Because of your burned throat,
You will purge every day
And your stomach will bloat.

You never feel hungry
Because you want perfection,
You'll scream at the mirror
And always hate your reflection.

You workout every night
Because you urge to exercise,
You'll train till you pass out
And curse your weak thighs.

You shouldn't trust the mirror
Because it creates a delusion,

You'll feel worthless and ugly
And make hunger the conclusion.

You're starving all the time
Because you're proud of your bones,
You will lie to the doctors
And fill your pockets with stones.

You look like a skeleton
Because you survive on diet pills,
You will feel like you're fading
And your anorexia kills.

Schon gestorben

Irgendwann konnte ich nicht mehr atmen,

Habe den Kampf verloren;

Aufgeben werde ich nicht,

Das habe ich geschworen.

Irgendwann konnte ich nicht mehr weinen,

Habe viel zu oft geliebt;

Ich finde keinen Grund,

Warum es mich noch gibt.

Irgendwann konnte ich nicht mehr schlafen,

Habe aufgehört zu essen;

Das Leben hat mich verstoßen,

Bin nun vom Sterben besessen.

Irgendwann konnte ich nicht mehr fühlen,

Habe meinen Körper zerstört;

Ich wurde immer nur verlassen,

Meine Hilfeschreie überhört.

Irgendwann konnte ich nicht mehr kämpfen,

Habe meinen Schwur gebrochen;

Der Tod wird viel einfacher,

Seine Stimme hat es versprochen.

Irgendwann konnte ich nicht mehr leben,

Habe mir alles verdorben;

Dieser Abschied wird nicht schwer,

Denn ich bin schon längst gestorben.

Der Weg ins Licht

Der Weg ins Licht ist manchmal traurig,

Jede Träne hinterlässt Narben.

Doch die Eintönigkeit lässt nach,

Deine Welt füllt sich mit Farbe.

Der Weg ins Licht ist manchmal dunkel,

Jede Nacht wird zu einer Qual.

Doch immer kommt ein neuer Tag,

Irgendwann überwindet man das Tal.

Der Weg ins Licht ist manchmal holprig,

Jede Wurzel bringt dich zu Fall.

Doch die Lebensbäume leiten dich,

Ihr Geäst bildet den Schutzwall.

Der Weg ins Licht ist manchmal steinig,

Jeder Hügel scheint ein Berg.

Doch jeder Schritt ist Umgestaltung,

Die Veränderung ein Meisterwerk.

Der Weg ins Licht ist manchmal einsam,
Jede Freundschaft in weiter Ferne.
Doch du bist niemals wirklich ganz allein,
Dich beobachten die Sterne.

Der Weg ins Licht erscheint oft endlos,
Jede Wolke versperrt die Sicht.
Doch nach dem Sturm wird es ruhig,
Bald schenkt die Sonne dir ihr Licht.

the odd one out

I'm not able to join conversations,
They don't get my sense of humor.
I hear them talk behind my back,
But I don't care about the rumors.

Their words can't hurt me anymore,
I have accepted all my flaws.
They made me become invincible,
No longer bleeding from their claws.

Gossiping about me all the time,
They're gonna tell you I'm insane.
Tried to drown me with insults,
Now I've got fire in my veins.

I'm showing who I really am,
Not who I pretend to be.
They are wearing all their masks,
While I'm always the real me.

I'm doing what makes me unique,

Decided to ignore their laughter.

Knowing I don't need approval,

I live happily ever after.

I am different from the others,
And it's making me so proud.

I'll always stay true to myself,

Although I am the odd one out.

to recover

This battle is painful,
I've been through hell.
But now I know heaven,
So it all ends well.

I'm leaving false friends,
Ignoring their voices.
I will do what I want,
Make my own choices.

I stared into the mirror,
My face made me afraid.
I'm accepting my body,
Not scared to gain weight.

My soul will stop bleeding,
The wounds turn to scars.
I'm not hurting myself,
Winning my wars.

Death was my best friend,

Now life is my lover.

I won't stop fighting,

Trying to recover.

Lies

Have you ever typed

"I'm fine"

While crying your eyes out

Have you ever typed

"I'm okay"

While cutting your wrist open

Have you ever thought

"I want to die"

While pretending that you're fine

Have you ever thought

"I'll kill myself"

While faking that you're alright

The question is

Who are you lying to

Is it them or yourself

Can't escape

Death is gonna pass our years,

We can't escape,

May we laugh or shed some tears.

Death is gonna catch us all,

We can't escape,

May we jump for it or fall.

Death is gonna end our lives,

We can't escape,

May we hide behind disguise.

Death is gonna find us here,

We can't escape,

May we die in peace or fear.

Herz aus Gold

Du hast ein Herz aus Gold,

Und eine Seele aus Glas;

Deine Worte so leise,

Dass jeder sie vergaß.

Du hast ein Herz aus Gold,

Und es wiegt so schwer;

Dein Körper so taub,

Denn du spürst ihn nicht mehr.

Du hast ein Herz aus Gold,

Und ein Werkzeug in Silber;

Deine Klinge ist so stumpf,

Doch zeichnet blutige Bilder.

Ort, Welt, Leben, Tod

Was ist das nur für ein Ort?

Du dürftest hier nie herfinden.

Bin schon viel zu lange fort

Von falschen Freunden, die verschwinden.

Was ist das nur für eine Welt?

Du solltest diese Erde meiden.

Es dreht sich selbst hier nur um Geld,

Wo sich Kinder in die Arme schneiden.

Was ist das nur für ein Leben?

Du würdest mir das nicht glauben.

Dass Verwandte mir vergeben,

Um dann mein Herz auszurauben.

Was ist das nur für ein Tod?

Du könntest mich ganz schnell vergessen.

Mein kaltes Blut fließt dunkelrot,

Denn ich bin vom Sterben besessen.

Know

I know that I'm a waste of space

I know I'm in the wrong place

So just say it to my face

You know that there's no reason to stay

You know you have lost the way

So just pretend to be okay

We know that we should feel the same

We know life is just a game

So we just lie about our name

Blutrot

Einsam durch diese dunkle Nacht,

In meinem Kopf eine Gedankenschlacht.

Bald werde ich sie nicht mehr gewinnen,

Aus meinem Arm beginnt das Blut zu rinnen.

Verzweifelt zähle ich die Wunden,

Die letzte Hoffnung ist verschwunden.

Nur noch Schwarz in meiner Seele,

Wenn ich mich durchs Leben quäle.

Dankbar begegne ich dem Tod,

Meine Haut bedeckt von blutigem Rot.

Ich werde eure Zeit nicht mehr verschwenden,

Denn ich werde mein Dasein beenden.

Mein Spaziergang

Mein Spaziergang beginnt mit einer Träne,

Denn ich gehe dem Tod entgegen.

Ich quäle mich durch jede Nacht,

Doch morgens empfängt mich nur Regen.

Mein Spaziergang ist ein dunkler Pfad,

Denn das Leben ist mir zu lang.

Ich bleibe nicht stehen und renne weiter,

Doch ich komme niemals am Ziel an.

Mein Spaziergang ist eine endlose Straße,

Denn ich mache keine Pausen.

Ich verfolge immer noch die Hoffnung,

Doch habe mich schon längst verlaufen.

Mein Spaziergang findet ein einsames Ende,

Denn alle sind auf anderen Wegen.

Ich wollte nie wieder Blut vergießen,

Doch werde mich auf die Gleise legen.

Leben

Menschen sind schlecht,
Reaktionen nicht echt.
Ein Leben im Dunkeln,
Erloschenes Funkeln.

Menschen sind kalt,
Doch an Hoffnung gekrallt.
Das Leben in der Ferne,
Fallende Sterne.

Menschen sind fies,
Gesellschaften mies.
Dieses Leben im Dreck,
Verfolgender Schreck.

Tod

Ein tiefer Schnitt,

Blut leuchtet rot.

Der nächste Schritt,

Und ich bin tot.

Das brennende Blut,

Ein scharfes Messer.

Flucht vor der Wut,

Und alles ist besser.

Die Stimmen laut,

Gedanken in Scherben.

Einmal vertraut,

Und jetzt will ich sterben.

Ein falsches Wort,

Gerüchte nicht wahr.

Freunde sind fort,

Und es lauert Gefahr.

Der trügende Schein,

Schmerz nicht zu beenden.

Ein verrücktes Sein,

Und mein Leben wird enden.

Let it all out

I just wanna scream
To escape this bad dream,
I just wanna shout
To let those feelings out.

I just wanna run
To have some last fun,
I just wanna flee
To set myself free.

I just wanna love
To find a reason to laugh,
I just wanna feel
To become someone real.

Verlassenenhass

All meine Gedichte

Sind ein Teil der Geschichte.

Sie erzählen von mir,

Aber handeln von dir.

Deine Abwesenheit

Ist quälende Einsamkeit.

Ich vermisse dich,

Doch denk nur an mich.

Du entfliehst meiner Welt

Und jede Hoffnung verfällt.

Unsere Herzen sind leer,

Der Abschied war schwer.

Ich seh dich in allen Räumen

Und erlaube mir von dir zu träumen.

Unsere Gedanken verblassen,

In Zukunft werden wir hassen.

Endlich tot

Jede Nacht die gleiche Angst,
Jeder Tag eine endlose Qual.
Überall nur Schmerz,
Die Welt lässt mir keine Wahl.

Wieder sind meine Arme blutig,
Wieder greife ich zur Klinge.
Ich stehe auf dem Stuhl,
Um meinen Hals die perfekte Schlinge.

Wieder schaffe ich es nicht,
Wieder dreht sich meine Zeit im Kreis.
Ich verlasse dieses Haus,
Mein Weg führt mich aufs Gleis.

Endlich bin ich dafür bereit,
Endlich holt mich der Tod.
Mein Körper zerfetzt,
Die Schienen getränkt in Rot.

So verloren

Die Gedanken

Eine Flut.

In den Ohren

Rauschendes Blut.

Statt Worten

Bloß Stille.

Keine Taten,

Ein letzter Wille.

Die Angst,

Ein Zittern.

Verdeckte Sonne

Hinter tobenden Gewittern.

Statt Hoffnung

Bloß Schatten.

Kein Zuhause,

Hüllenlose Platten.

Dark soul

Brown hair,
Blue eyes
And a dark soul,
Cold as ice.

Weird smile,
Pale face
And a dark soul,
Wide as space.

Broken hearts,
Fragile bones
And a dark soul,
Heavy as stones.

Red blood,
Healed scars
And a dark soul,
Fast as cars.

Wild thoughts,

Desperate cries

And a dark soul,

Bad as lies.

Deep cuts,

Stained wrists

And a dark soul,

Brutal as fists.

Black mind,

Haunting fears

And a dark soul,

Salty as tears.

Lost hope,

Silent screams

And a dark soul,

Mad as dreams.

Last words,

Ending life

And a dark soul,

Sharp as a knife.

Mistakes

I am the wrong person.

I listen to the wrong music.

I wear the wrong clothes.

I chose the wrong goals.

I dream the wrong nightmares.

I chase the wrong dreams.

I wish for the wrong things.

I have the wrong body.

I got the wrong face.

I say the wrong words.

I make the wrong choices.

I am the wrong daughter.

I became the wrong friend.

I search the wrong people.

I watch the wrong movies.

I read the wrong stories.

I write the wrong poems.

I hear the wrong comments.

I see the wrong problems.

I feel the wrong emotions.

I went the wrong way.

I live the wrong life.

I die the wrong death.

The shadow of death

The days are dark
And all I feel is pain.
My mind tells me to give up
Because I'm living in vain.

The pain won't end
And I struggle through the night.
My head is a dark place
Because I don't see a light.

The night is over
And I can't get out of bed.
My body doesn't move
Because I'm waiting for death.

Tote leiden nicht

Noch geht jede Nacht vorbei,
Und morgens schlag ich die Augen auf.
Schon ewig quälen mich die Stunden,
Nun nimmt mein Schicksal seinen Lauf.

Noch kann ich die Sonne sehen,
Aber uns fangen bald die Schatten.
Schon lange vermisse ich die Tage,
Als wir Mut und Hoffnung hatten.

Noch habe ich nicht aufgegeben,
Viele Jahre voller Dunkelheit.
Schon ewig vertraue ich der Zukunft,
Mein schlimmster Feind ist die Zeit.

Noch stehe ich im Leben,
Doch ich nähere mich dem Licht.
Schon bald liege ich im Sterben,
Denn Tote leiden nicht.

They

They make fun of me,
So I feel small.
The thoughts go wild,
They'll never see.

They knock me down,
So I lie on the ground.
The water catches me,
They let me drown.

They break my heart,
So I feel empty.
The pain drives me crazy,
They'll never know art.

They destroy my mind,
So I swallow my pride.
The life leaves my body,
They now are kind.

The worst night of my life

I was so tired

When I walked home

My mind told me I'm safe

But I was all alone

I was so worried

While I crossed the street

Didn't think about him

But he was who I'd meet

I was so afraid

When I heard his steps

Never expected it

But this happened next

I was so anxious

While he pulled me in

He didn't cover my mouth

But he touched my skin

I was so scared

When his tongue met my lips

I tried to scream

But he just grabbed my hips

I was so helpless

While he took off my pants

He didn't care about mine

But was using his hands

I was so ashamed

When I cried all night

Wanted to push him away

But I lost this fight

Now I am frightened

And always carry a knife

I still suffer from flashbacks

To the worst night of my life.

Fly away

Her eyes were deep black holes,

Her soul needed a fresh start.

She had no emotions,

But she felt her breaking heart.

Her eyes blue as the ocean,

Her hair as brown as wood.

She was a beautiful being,

But she fell from where she stood.

She jumped right off the bridge,

Her body hit the stones.

She didn't make a sound,

But you heard her cracking bones.

Her eyes now are closed,

She loses all her blood.

Her corpse doesn't sink,

But is carried by the flood.

Gedankenkarussell

Eben stand ich noch an der Kasse,

Jetzt sitze ich im Fahrgeschäft.

Ab sofort gibt's kein Zurück,

Mein Körper an die Bügel gepresst.

Die Musik setzt langsam ein,

Ich vernehm ein leises Summen.

Alles um mich rum verschwimmt,

Fremde Stimmen verstummen.

In meinem Kopf wird es lauter,

Das Karusell beginnt zu drehen.

Wünsche mich nun ganz weit weg,

Beneide alle, die draußen stehen.

Meine Welt nur noch ein Farbenspiel,

Die bunten Lichter immer greller.

Doch die Gedanken werden dunkler,

Verzweiflung greift mich umso schneller.

Bedrohlich wirken auch die Buden,
Kann diese Enge nicht besiegen.
Ich klammere mich ans kalte Metall,
Wünschte ich wär nie aufgestiegen.

In mir ist alles durcheinander,
Chaotischer als Menschenmengen.
Probleme über mir wie Wellen,
Ich ertrink in dem Gedränge.

Mein Bewusstsein ist geblendet,
Der Rummel unerträglich hell.
Und ich kann ihm nicht entkommen,
Meinem Gedankenkarussell.

Station

Hier bekam ich Hilfe,
Man nahm mich endlich ernst,
Hier hat man mir getraut,
Und verstand meinen Schmerz.

Hier machte man mir Mut,
Man bot mir endlich Zuflucht,
Hier hat man mich gemocht,
Und unterbrach meine Sucht.

Hier hatte ich keine Angst,
Man zeigte mir das Leben,
Hier hat man mich verstanden,
Und konnte mir Hoffnung geben.

Hier war mein Zuhause,
Man vertraute meinem Wort,
Hier hat man an mich geglaubt,
Und schickte mich schließlich fort.

Need to get away

They pretend that you're friends

But their kindness is fake

That's all I know

And it keeps me awake

They keep playing the victim

But can't leave this place

That's why I'll go

And find a safe space

They act like we're home

But I don't wanna stay

That's what I know

And why I'll get away.

Mirror me

My mirror me makes me hate myself.
My mirror me makes me wanna disappear.
My mirror me makes me see flaws.
My mirror me makes me feel so much fear.

The mirror me is the reason I starve.
The mirror me is the worst thing to see.
The mirror me is who I really am.
The mirror me is who I don't wanna be.

Far away

I'm lost in the darkness,
Looking for light.
I'm filled up with sadness,
Every star is too bright.

I'm overwhelmed by feelings,
Too anxious to cry.
I'm jumping off ceilings,
Trying to fly.

I'm hoping for sun,
The moon makes me sad.
I'm willing to run,
Just a little too mad.

I'm searching a knife,
Wanting to bleed.
I'm ending my life,
Death is what I need.

You want me to stay?

You knew it all along.

You now notice I'm gone,

When I'm already too far away!

Magersucht

Zu mir selber bin ich nicht nett
Nenne mich hässlich und fett
Mit meinem Körper bin ich unzufrieden
Könnte ihn niemals so lieben
Statt tagelang herumzulungern
Fange ich jetzt an zu hungern
Mache täglich ewig Sport
Es wird langsam zu Selbstmord
Man sieht überall meine Knochen
Habe mich schon wieder erbrochen
Mein Körper ist unendlich schwach
Und ich liege nächtelang wach
Denn ich habe immer Schmerzen
Spüre Stiche in meinem Herzen
Viel zu niedrig ist mein Blutdruck
Die Infusion mein schönster Schmuck
Kann mittlerweile kaum noch stehen
Geschweige denn Schritte gehen
Mein ganzes Leben ist in Scherben
Und so werde ich bald sterben
Hänge seit Tagen schon am Tropf
Kalorien vernebeln mir den Kopf
Drücke die Hand gegen die Stirn
Verliere jeden Tag mehr Hirn
Habe seit Wochen nichts gegessen
Bin nämlich vom Hungern besessen

Doch nun ergreife ich die Flucht
Vor der Magersucht.

Welt der Erde

Kühl wie Blau,

Einsam wie Grau.

In einer verlassenen Welt,

Es regieren Macht und Geld.

Glauben an die Liebe,

Doch führen endlose Kriege.

Wollen neue Wege malen,

Aber finden bloß schreckliche Qualen.

Aus Freunden werden Feinde,

Eine gespaltene Gemeinde.

Hören selten auf das Herz,

Stattdessen suchen wir Schmerz.

Wählen zwischen Böse und Gut,

Beweisen unverständlichen Mut.

Größte Herzen werden klein,

Gezeichnet von Enttäuschung und Schein.

Maze of my mind

When the days are bright
And the sky is blue
There's our world's last light.

When the nights are long
And the moon doesn't shine
There's no way to be strong.

When the shadows are black
And the storm is over
There's the metal of the tracks.

When the sun makes me blind
And the clouds are gone
There's the maze of my mind.

Spuk

Geplagt von Halluzinationen

Sind wir gefangen im Irrenhaus,

Wir lieben die Nacht mehr

Als jede blinde Fledermaus.

Die Selbstzerstörung nimmt ihren Lauf

Versteckt hinter grinsenden Fratzen,

Wir zählen viel lieber weiße Narben

Als fauchende schwarze Katzen.

Verfolgt vom Wahnsinn

Brennt in uns dieses Feuer,

Wir sind viel wütender

Als gefährliche Ungeheuer.

Eingesperrt an diesem Ort

Verhalten wir uns wie Tiere,

Wir vergießen mehr Blut

Als durstige Vampire.

Vom Todeswunsch gezeichnet
Sitzen wir am vergitterten Fenster,
Wir sind viel unsichtbarer
Als leichenblasse Gespenster.

Träumen ewig vom Untergang
Und der Tod ist unser Meister,
Wir existieren bald nur noch
Als überglückliche Geister.

Without darkness

Without darkness there would be no light
And we had no chance to shine bright
Because there'd be nothing left to fight.

Without darkness there would be no sun
And we had no chance to have fun
Because there'd be no road to run.

Without darkness there would be no moon
And we had no chance to fill our spoon
Because our planet would be dying soon.

Without darkness there would be no stars
And we had no chance to heal our scars
Because our planet would crash like cars.

Lightless

There's a devil on my shoulder
And this hell is getting colder
My reflection gives me a look of doom
While I'm hiding in the corner of my room

There are creatures in the shadows
And thorns upon the meadows
My tears start to grow a willow
While they trickle inside my pillow

There's a monster under my bed
And it's awake within my head
My hopeless heart makes the wrong choices
While I'm listening to the whispering voices

There are ghosts beneath the window
And they're gleaming like a minnow
My inner demons start to scream
While I escape into a gloomy dream

There's a dark angel behind my back

And it makes me see nothing but black

My mind makes me jump into the night

While my closed eyes are looking for light

Wahrheit

Die Wahrheit tut weh,
Doch ich muss danach fragen.
Solang ich nicht klar seh,
Musst du sie mir sagen.

Die Wahrheit ist schmerzhaft,
Aber ich muss sie wissen.
Ich hab nicht mehr viel Kraft,
Um sie zu vermissen.

Die Wahrheit wird sterben,
Denn sie ist nicht mehr wichtig.
Ich find ihre Scherben,
Jetzt sind Lügen richtig.

our wounds within

there's noise inside your head
and behind all the words you said

there's silence in your screams
and reality in your dreams

there's some truth behind your lies
and the dullness of your eyes

there's coldness in your veins
and burning fire in your pains

there's hurt behind your rage
and inside your golden cage

there's safety in your loneliness
and strategy in your match of chess

there's a thorn at your meadow

and leaves inside your shadow

there's disgust in their stares

and fear in your nightmares

there's darkness in your lights

and anxiety in all your fights

there's hope in your blood

and some fate in its flood

there are scars on your skin

but also wounds within

they tell me

they tell me

"you're weak"

so i take this knife

and make myself bleed

they tell me

"don't eat"

so i starve my body

and make myself neat

they tell me

"you're wrong"

so i do what's right

and make you all strong

they tell me

"go die"

so i plan my death

and make you all cry

Regenbogenpoesie

Strahlend

Wenn der Himmel weint

Paradox

Wie er Sonne und Regen vereint

Faszinierend

Das Spiel seiner Farben

Verlockend

Einem Goldschatz hinterher zu jagen

Endlos

Denn eigentlich ist er ein Kreis

Komisch

Dass das kaum jemand weiß

Verwirrend

Als Symbol der Zuversicht

Glücklicherweise

Schenkt sein Schimmern Licht

Funkelnd

Schließlich hat er uns angezogen

Einflussreich

Die magische Kraft des Regenbogens

Freispringen

Ein kalter Wind,

Ein verzweifeltes Kind.

Eine tiefe Schlucht,

Eine furchtlose Flucht.

Der harte Stein,

Der verblasste Schein.

Die sternenlose Nacht,

Die innerliche Schlacht.

Dieses endlose Feld,

Dieses wertlose Geld.

Dieses qualvolle Leben,

Dieses wundervolle Schweben…

Zwischen den Zeilen

Wundere mich über

Mein leeres Gesicht,

Doch meine Seele

Kennt kein Licht.

Traue mich nicht

Meine Gefühle zu zeigen,

Denn all die Gedanken

Bringen mich zum Schweigen.

Bemühe mich

Mein Leben zu retten,

Doch meine Hoffnung

Liegt längst in Ketten.

Versuche mit Lügen

Meine Seele zu heilen,

Denn die Wahrheit steht

Zwischen den Zeilen.

Maybe

Maybe I forgot who I am

And what defines me

But I'm still myself

Maybe I forgot how to smile

And laugh out loud

But I still have fun

Maybe I forgot what I want

And what my goals are

But I still work

Maybe I forgot who hurt me

And left me alone

But I still think

Maybe I forgot how to talk

And where my words are

But I still speak

Maybe I forgot who I love

And where my home is

But I still feel

Maybe I forgot how to live

And leave the house

But I still exist

Maybe I forgot what happened

And broke my mind

But I still suffer

Psychiatrie der Gesellschaft

Schreie

In der Stille

Meine Stimme

Erstickt vor Angst

Endlose Gänge

Ein Labyrinth der Verzweiflung

Licht

In der Dunkelheit

Am Ende des Tunnels

Kaltes Metall

Auf dem ich liege

Zuckend, kreischend, alleine

Wache ich auf

Gefressen vom Licht

Vergessen vom Leben

Sterbe ich, atme ich, lache ich

Für den Wahnsinn

Der mich verfolgt, quält, gefangen hält

Ohne Sinn

Mein wertloses Dasein

Selbst im Tode

Noch unbedeutend

Doch unvergessen

Bin noch da

Lebendig

In der Hölle, meinem Zuhause

Fort sind Freunde, Familie, Frieden

Krieg in mir

Die Waffen deiner Worte

Strecken mich nieder

Zitternd, blutend, wimmernd

Liege ich am Boden

Im Schatten

Der Wolke, des Nebels, der Rauchsäulen

Meiner Todesfantasie

Und schlage, nun endlich zurück

Die Augen auf

In grellem Licht, unter irrem Geschrei

Winde ich mich

Versuche mich zu befreien

Aus der engen, unbequemen Zwangsjacke

Aus Plastik und Stoff und dem Fixierbett

Aus Metall, Gurten und Schnallen

Der Gesellschaft.

Sonnenlicht

Überall Schatten

Und dunkle Kreaturen

Ein ängstlicher Blick

Auf unsere Lebensuhren

Hoffnungslosigkeit

Und Gespenster

Ein nervöser Blick

Zum geschlossenen Fenster

Die Sonne geht auf

Schatten verschwinden

Ein erwartungsvoller Blick

Um Hoffnung zu finden

Sonnenstrahlen

Auf meinem Gesicht

Wolken ziehen vorbei

Doch niemals das Licht.

Ertrinken in Ge-
danken

Meine Welt besteht aus hohen Wellen,

Die Stimmung beginnt zu schwanken.

Ich bin verloren in ihrem Ozean,

Ertrinke in meinen Gedanken.

Meine Gedanken sind so tief,

Sie wollen mich ertränken.

Selbsthass zieht mich runter,

Nichts kann mir Hoffnung schenken.

Meine Lungen voller Wasser,

Sie werden bald aufgeben.

Ich kämpf mich an die Oberfläche,

Schwimme um mein Leben.

Meine Augen sehen die Sonne,

Sie leiten mich zum Licht.

Doch stimmen in meinem Kopf,
Die gönnen es mir nicht.

Meine Glieder werden schlapp,
Sie beginnen nun zu schmerzen.
Ich mag zwar machtlos sein,
Doch trage Mut im Herzen.

Slipstream

Don't trust all of your best buddies
Because they're masters of delusion,
In the end they just wanna fool you
And create a perfect illusion.

Don't trust your cruel companions
Because they're treacherous witches,
In the end they just wanna hurt you
And keep you from getting stitches.

Don't trust your ambitious allies
Because they're making fun of a lot,
In the end they just wanna win
And take your well-earned spot.

Don't trust your fake friends in need
Because they're just selfish snakes,
In the end they just wanna use you
And blame you for their mistakes.

Don't trust your fair-weather friends

Because they're worse than they seem,

In the end they just wanna profit

And overtake from your slipstream.

Depressionspoesie

Sie hat mich vor der Welt gerettet

Mich für immer an mein Bett gekettet

Mit meiner Seele gespielt

Und mich manipuliert

Sie hat meine Sicht auf die Welt verzerrt

Mich in mein Zimmer eingesperrt

Mein schwaches Herz betrogen

Und mich angelogen

Sie hat meine Gedanken verdreht

Sodass niemand sie versteht

Sie hat mein Leben schnell zerstört

Und niemand hat mich gehört

Ich habe so lang um Hilfe geschrien

Selbst als es hoffnungslos schien

Ich habe jahrelang gekämpft

Und sie hat mich gedämpft

Sie bot mir nur noch Dunkelheit

Nach meiner abgelaufenen Zeit

Ich fühl mich eingeengt wie im Korsett

Und liege wochenlang im Bett

Ich würde so gerne aufstehen

Doch sie sagt mir ich kann nicht gehen

Sie ist ganz leise und ich bin stumm

Und so langsam bringt sie mich um

Ich spüre sie ewig schon

Diese Depression.

Gewitter im Gehirn

Die Menschen um mich herum lachen,

Doch mir ist nicht mehr nach Scherzen,

Meine Freude wurde mir genommen,

Von chronischen Kopfschmerzen.

Plötzlich packt mich der Schwindel,

Die ganze Welt scheint sich zu drehen,

Kneife die Augen fest zusammen,

Kann ja sowieso nichts sehen.

Eine Explosion hinter meinen Augen,

Etwas will meinen Schädel zerdrücken,

Mein Körper beginnt zu kribbeln,

In meinem Gedächtnis klaffen Lücken.

Sprachstörungen bringen mich zum Schweigen,

So kann mich natürlich niemand retten,

Normale Schmerzmittel helfen kaum,

Ich brauche stärkere Tabletten.

Auf deren Wirkung muss ich warten,

Meinen Kopf erschüttert ein Beben,

Das Pochen wird unerträglich,

Stechend zerstört es mir mein Leben.

Stöhnend sacke ich zusammen,

Presse die Hände auf die Stirn,

Fühle mich wie vom Blitz getroffen,

Es ist ein Gewitter im Gehirn.

Open up

I don't open up like my heart
When it's breaking,
A fragile smile on my lips
Is what I am faking.

I don't open up like my mouth
When it's screaming,
A dangerous nightmare on my mind
Is what I am dreaming.

I don't open up like my eyes
When they're flickering,
A crumbled cliff on the coast
Is where I am slithering.

I don't open up like my hand
When it's trembling,
A blurred border on the floor
Is where I am ambling.

I don't open up like my thoughts
When they're frowning,
A rushing river at the horizon
Is where I am drowning.

I don't open up like my veins
When they're crying,
A flood of blood at midnight
Is why I am dying.

Dissoziation

Stumm sitze ich in diesem Raum
Gefangen in einem Albtraum
Meine Gedanken sind leer
Mein Körper so schwer
In mir ist nichts als Selbsthass
Als die ganze Welt verblasst
Ich sehe alles ganz verschwommen
Die Dissoziation ist gekommen
Kann mich nicht mehr bewegen
Nicht aufstehen, nicht hinlegen
Diese Lähmung ist nicht fair
Ich höre auch nichts mehr
In meinem Ohr ein leises Rauschen
Gern würde ich etwas Anderem lauschen
Meine Gedanken schreien „Lauf!"
Und ich stehe schwankend auf
Schlage meine Arme gegen Wände
Kneife mir fest in die Hände
In meinen Ohren wird es laut
Der Lärm geht mir unter die Haut
Ich sehe plötzlich wieder klar
Und bin endlich wieder da.

Gespensterwelt

Flackern, flimmern

Eine Silhouette

Im Tanz der Schatten

Der zuckenden Flammen

Dieser mondlosen Nacht

Frostige Luft

Eisiger Wind

Schneidet in die gefühllose Haut

Meiner Hände, mein Gesicht erstarrt

Meine Augen leer

Mein Blick kalt

Wie die Herzen, Seelen und Gedanken

Der Geister

Meiner vergessenen Vergangenheit

Und der furchterregenden Zukunft

Bin ich nichts schuldig

Bezahle trotzdem

Mit meinem Leben

Und meinem Tod

Und endlosen Stunden zwischen Grabsteinen

Kerzen, Blumenkränzen und Steintafeln

Jener Geister

Die mich in der hoffnungslosen Dunkelheit

Verfolgen, erschrecken, in den Wahnsinn treiben

Und den Friedhof in den blassen Schein

Wertloser Wünsche und toter Träume tauchen

Um mir eine Illusion von Hoffnung zu vermitteln

Für diese kalte, leere, dunkle Zeit

Voller Angst vor durchsichtigen Kreaturen

Die mich begleiten im Dasein

Meiner nutzlosen Nichtigkeit, bescheidenen Wenig-
keit

Gespensterwelt.

Fearful

Fear is a voice inside my mind
And it is often frightening,
Its words are so very loud
That I cannot stop listening.

Fear never seems to let me go
And now I'm often terrified,
It almost made me forget
That you're forever by my side.

Fear makes me overthink everything
And I am constantly worried,
It's telling me the tale of horror
That all my friends are buried.

Fear doesn't stop giving me chills
And I am constantly afraid,
It made me feel so weak
That I lost my trust in faith.

Fear lives inside my head
And it always leaves me scared,
It's giving me a feeling
That nobody ever cared.

Fear really is my closest friend
And it always caused anxiety,
It keeps me locked up in a cage
That protects me from society.

Reborn

There once was a girl
Dreaming of dying.
Fake smiling all day
And spending nights crying.

There once was a girl
Living in a dark cloud.
Her wrists are stained red
And her thoughts screaming loud.

There once was a girl
Hiding her feelings.
Stands right by the tracks
And is jumping off ceilings.

But that girl is gone,
Her soul was too broken.
She leaves this world
And her last word was spoken.

This girl now is brave,
She shows what she feels.
Trusting her own mind
And heart as it heals.

This girl now is clever,
Not wasting her youth.
She's searching for answers
And found out the truth.

This girl now is powerful,
Guns against her knife.
She's stronger than ever
And loving her life.

This girl now is tough,
She used to be shy.
Now she keeps talking
And won't give up her try.

This girl now is forceful,

A storm without lightning.
She doesn't back down
And never stops fighting.

This girl now is honest,
Opening her heart.
She's lost in fantasy
And creates her own art.

This girl now is fearless,
Her rose grew a thorn.
She is someone new
And completely reborn.

Danksagungen

Mit der Veröffentlichung dieses Buches ist für mich ein ganz großer Traum in Erfüllung gegangen und es gibt natürlich einige Menschen, denen ich danken möchte.

Liebe Mama, lieber Papa, ich danke euch dafür, dass ihr mich zur Veröffentlichung meiner Gedichte ermutigt habt und jede Sekunde hinter mir gestanden habt.

Danke an all meine Englisch- und Deutschlehrer, die mir das Spiel mit den Wörtern näher gebracht haben und mir diese tollen Sprachen richtig beigebracht haben.

Danke an all die Lehrerinnen, die auch mal mit mir über Privates gequatscht haben und mich immer ermutigt haben und meine Gefühlsausbrüche ausgehalten haben.

Danke an all meine Freunde, die immer für mich da waren immer an mich geglaubt haben, wenn ich es selber nicht tat.

Und natürlich ein ganz großes Dankeschön an all meine Follower, die mich unterstützen und mir Rückmeldungen zu meinen Texten geben. Ohne euch hätte ich mich wahrscheinlich nicht getraut, dieses Buch zu veröffentlichen.